LES CHAUSSETTES DE TITO

Copyright © 2020 Theresa Marrama

Interior art and cover art by Nikola Kostovski

United States map from pixabay

Senegal map ©Vectorstock

All rights reserved.

No part of this publication may be reproduced, stored in a retrieval system, or transmitted, in any form or by any means (electronic, mechanical, photocopying, recording or otherwise), without prior written permission from Theresa Marrama.

ISBN: 978-1-7350278-0-7

Be yourself; everyone else is already taken!
– Oscar Wilde

ACKNOWLEDGMENTS

A big **MERCI BEAUCOUP** to the following people: Françoise Piron, Oumar Watt, Mamadou Balde, Marianne Gomis-Bentho, Wendy Pennett, Jennifer Molitoris, Teresa Terible, Cécile Lainé and Anny Ewing. Not only did all of you provide great feedback but you were always there to look over my work whenever asked.

A special thanks to Sharon Marrama whose book *The boy with the pink socks* inspired me to write this book! Her book can be found on Amazon.

Ceci est **l'histoire**[1] d'un garçon.
Le garçon s'appelle Tito.

---

[1] **l'histoire** - the story

Tito est un garçon très **confiant**[2]. Il **sait ce qu'il veut**[3]. Il sait ce qu'il aime. Il aime sa famille, la pizza, et le football.

Tito n'est pas américain. Il n'est pas **des États-Unis**[4].

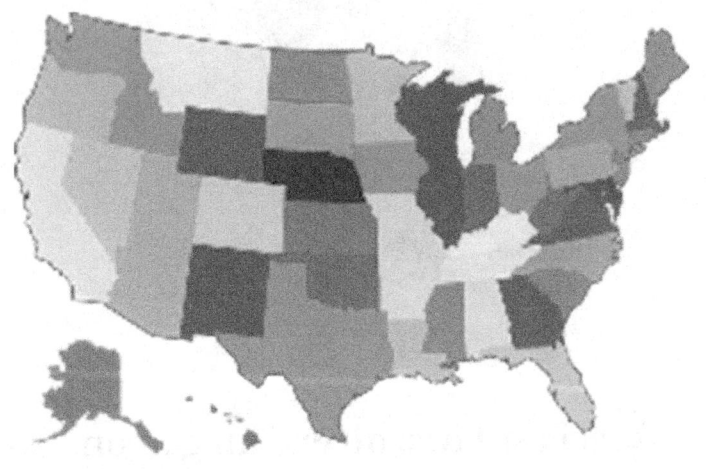

---

[2] **confiant** - confident
[3] **sait ce qu'il veut** - knows what he wants
[4] **des États-Unis** - from the United States

Tito est **sénégalais**[5]. Il est du Sénégal, en Afrique.

L'Afrique

Il n'habite pas en Afrique maintenant. Il habite à New York avec ses parents. Il habite à

---

[5] **sénégalais - Senegalese**, a native of Senegal

Bronxville, une **banlieue**[6] de New York.

Il habite avec sa maman. Elle s'appelle Amina. Elle est intelligente et gentille. Elle est créative. Elle est prof de danse.

---
[6] **banlieue** - suburb, area outside of the city

Il habite avec son papa. Son papa s'appelle Edouard. Il est grand, intelligent et gentil. Il est important. Il est diplomate. Il est sérieux. Il travaille aux **Nations Unies**[7].

---

[7] **Nations Unies** - United Nations

« Maman, mes **chaussettes**[8] sont trop grandes ! » crie Tito.

Tito est dans sa chambre. Il ne veut pas porter ses chaussettes. Ses chaussettes de football sont trop grandes. Ses chaussettes ne sont pas confortables.

---
[8] **chaussettes** - socks

« Tito, je suis **désolée**[9]. Les **tailles**[10] aux États-Unis sont différentes des tailles au Sénégal. Je **n'ai pas acheté**[11] les chaussettes au Sénégal. J'ai acheté les chaussettes à New York.

---

[9] **désolée** - sorry
[10] **tailles** - sizes
[11] **n'ai pas acheté** - didn't buy

— Oh, maman. Elles sont vraiment terribles !

— Allons-y ! Nous allons être **en retard**[12] pour ton premier match de football, crie sa maman.

— Oui, maman, mais ces chaussettes sont trop grandes ! Ces chaussettes ne sont pas confortables ! Je n'aime pas ces chaussettes ! » répond Tito.

---

[12] **en retard** - late

Tito marche vers la voiture avec sa maman.

« Maman, pourquoi est-ce que nous allons au match de foot en voiture ? Normalement, nous marchons pour aller au match, » dit Tito.

Tito préfère **aller** aux matchs **à pied**[13]. Il **allait**[14] partout à pied au Sénégal. Normalement, il va au match de football à pied ici à New York parce qu'il habite près du **terrain de football**[15]. Les autres garçons vont au terrain de football en voiture, mais Tito préfère marcher.

---

[13] **(aller) à pied** - (to go) on foot
[14] **allait** - used to go
[15] **terrain de football** - soccer field

« Oui, aujourd'hui nous allons au match en voiture. Nous allons aller au magasin de sport après ton match de foot. Nous allons acheter de nouvelles chaussettes, explique sa maman.

— Excellent ! Maman, est-ce que nous allons manger aussi ? demande Tito.

— Bien sûr ! Tu veux manger des sandwiches ou de la pizza ? » répond sa maman.

En réalité, Tito veut manger du **poulet Yassa**[16], un plat sénégalais

---

[16] **poulet Yassa** - a spicy dish prepared with onions and marinated poultry. Originally from Senegal, yassa has become popular throughout West Africa.

que sa maman prépare. Le poulet Yassa est son plat favori. Le poulet Yassa est un plat populaire au Sénégal.

« Je veux manger de la pizza », dit Tito.

Sa maman regarde Tito dans la voiture. Les chaussettes de Tito sont **vraiment**[17] trop grandes.

---

[17] **vraiment** - really

Au terrain de football, Tito est comme les autres garçons. Il porte des chaussettes blanches et noires, un tee-shirt blanc et un short noir.

« Tito, sur le terrain de football avec ton **équipe**[18] ! crie son coach.

---
[18] **équipe** - team

— Oui, Coach. J'y vais, mais mes chaussettes sont trop grandes ! » explique Tito.

Tito va au terrain de football. Il court avec les autres garçons. Tito court après le ballon de football. Il regarde ses chaussettes. A ce moment-là, Tito tombe. Il tombe à cause de ses chaussettes.

« Tito, regarde le ballon, pas tes chaussettes ! » crie son coach.

Tito n'est pas content. Il n'aime pas ses chaussettes. Elles sont trop grandes. Elles ne sont pas confortables.

Après le match, Tito retourne à la voiture avec sa maman.

« Maman, **j'ai faim**[19] ! Est-ce que nous **pouvons**[20] manger ?

— Bien sûr ! Je suis sûre que tu as faim après le match. Et après la pizza, nous allons aller au magasin de sport. Nous allons acheter de nouvelles chaussettes, explique sa maman.

— Excellent ! Quel type de pizza est-ce que nous allons manger aujourd'hui, maman ? demande Tito.

---

[19] **j'ai faim** - I am hungry
[20] **pouvons** - can

— **Ce que tu veux**[21] ! répond sa maman.

— Je sais exactement ce que je veux maman ! Je veux de la pizza aux **anchois**[22] et aux olives ! »

Sa maman aime la pizza au fromage. Son papa aime la pizza au pepperoni. Mais pas Tito !

---

[21] **Ce que tu veux !** - Whatever you want!
[22] **anchois** - anchovies

Tito entre dans la pizzeria avec sa maman. Tito mange de la pizza avec sa maman et il parle de son match de football. Il parle aussi de ses chaussettes qui sont trop grandes. Il parle de quand il est tombé à cause de ses chaussettes.

Après, ils vont au magasin de sport. Tito entre dans le magasin de sport avec sa maman.

Il y a beaucoup de chaussettes dans le magasin. Il y a des chaussettes de toutes les couleurs :

Il y a des chaussettes rouges.

Il y a des chaussettes bleues.

Il y a des chaussettes **à pois**[23].

Il y a des chaussettes multicolores aussi.

---

[23] **à pois** - polka-dotted

Mais Tito adore une certaine paire de chaussettes !

Il adore les chaussettes roses.

« Maman, j'adore les chaussettes roses ! Les chaussettes roses sont cool ! Est-ce que tu adores les chaussettes roses ? Les chaussettes roses donnent beaucoup d'énergie. »

Sa maman ne l'entend pas. Elle regarde les autres paires de chaussettes. Elle regarde les chaussettes blanches et noires. Ce sont les chaussettes que les autres garçons portent dans l'équipe de Tito.

« O.K. Tito, nous allons acheter ces chaussettes blanches et noires. Tu peux porter les mêmes chaussettes que les autres garçons de ton équipe », dit sa maman.

Sa maman achète les chaussettes blanches et noires. Elle achète les mêmes chaussettes que les autres garçons de son équipe.

« Mais maman... J'adore les chaussettes roses, dit Tito.

— Tito, allons-y ! Les chaussettes roses ne sont pas les mêmes que les autres de ton équipe », répond sa maman.

Tito retourne à la voiture avec sa maman. Sa maman le regarde. Elle voit que Tito n'est pas content.

« Tito, quel est le problème ? demande sa maman.

— J'adore les chaussettes roses ! Je ne veux pas porter de chaussettes blanches et noires. Je veux porter des chaussettes différentes ! Je sais ce que j'aime et j'aime les chaussettes roses. Toute mon équipe porte des chaussettes blanches et noires. Les chaussettes roses donnent beaucoup d'énergie, explique Tito.

— Bien sûr, Tito. Tu sais ce que tu veux. Nous pouvons acheter les chaussettes roses, dit sa maman.

— Excellent, maman, merci ! Tu es la **meilleure**[24] ! »

---

[24] **meilleure** - best

Tito est content.

Tito retourne dans le magasin de sport avec sa maman.

Il s'approche des chaussettes roses.

« Maman, regarde les chaussettes roses !

— Oui, je les vois. Mais, Tito les chaussettes sont très différentes. Les autres garçons dans ton équipe portent les mêmes chaussettes noires et blanches, répond sa maman.

— Oui, maman. Mais j'adore les chaussettes roses ! Si je porte les chaussettes roses je peux avoir beaucoup d'énergie !

— O.K. Tito. Si tu es content de porter des chaussettes roses je suis contente aussi », répond sa maman.

Plus tard[25], Tito est dans sa chambre avec ses parents. Il dit :

— **J'ai hâte**[26] pour mon match de football demain ! J'ai hâte de porter mes chaussettes roses !

— Oui, bien sûr, Tito ! Ta maman a hâte et j'ai hâte aussi de regarder ton match. Bonne nuit, Tito », dit son papa.

En réalité, son papa a hâte de regarder son match. Il n'a pas hâte que Tito porte ses chaussettes roses. Il ne comprend pas pourquoi Tito veut porter des chaussettes roses. Les

---

[25] **plus tard** - later
[26] **j'ai hâte** - I cannot wait

autres garçons de son équipe ne portent pas de chaussettes roses.

« Bonne nuit, papa et maman. »

Le lendemain[27], Tito est dans sa chambre. Il se prépare pour son match de football. Il a hâte. Il porte ses chaussettes roses aujourd'hui.

« Maman, papa, j'arrive dans une minute ! »

---

[27] **lendemain** - next day

Tito **descend l'escalier en courant**[28]. Il porte ses nouvelles chaussettes roses. Il a son vieux ballon de football.

« Maman, je ne suis pas en retard aujourd'hui. Je pense que c'est à cause de mes chaussettes roses ! »

Tito a hâte ! Il marche avec son papa et sa maman au terrain de football. Il veut vraiment **courir**[29]. Il veut vraiment courir parce que ses chaussettes roses lui donnent beaucoup d'énergie.

---

[28] **descend l'escalier en courant** - runs down the stairs
[29] **courir** - to run

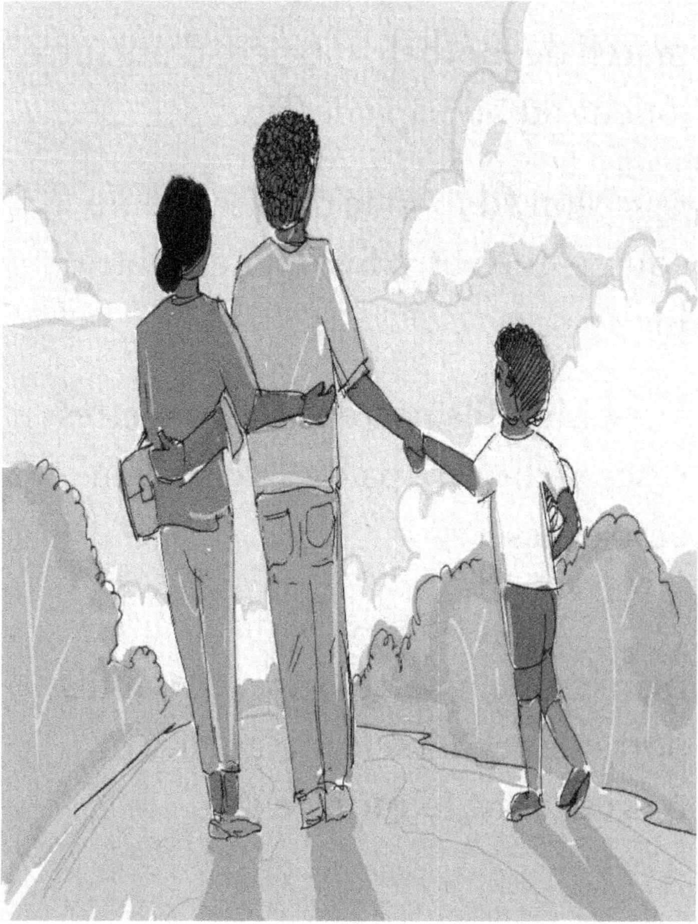

Il y a beaucoup de parents au match de football. Le père d'un autre joueur dit au papa de Tito :

« Mon **fils**[30] joue dans la même équipe que votre fils. Qui est votre fils ?

— Mon fils porte des chaussettes roses », dit le papa de Tito un peu embarrassé.

— Oui, je vois votre fils. J'aime bien les chaussettes roses ! Mon fils porte des chaussettes blanches et noires. **Tout le monde se**

---

[30] **fils** - son

ressemble[31], c'est difficile de **le voir**[32] », dit l'autre père.

Mais le papa de Tito n'aime pas les chaussettes roses. Il regarde le match de football. Il regarde son fils. Il n'aime pas les chaussettes de Tito,

---

[31] **tout le monde se ressemble** - everyone looks alike
[32] **le voir** - to see him

mais ... Ce n'est pas difficile de voir son fils avec ses chaussettes roses !

Tito court rapidement pendant le match. Ses chaussettes roses lui donnent beaucoup d'énergie. Son équipe **gagne**[33] le match.

Après le match de football, le coach de Tito dit :

---
[33] **gagne** - wins

« Bon match, Tito ! Je pense que tes nouvelles chaussettes roses **te portent chance**[34] !

— Merci, Coach ! »

---

[34] **te portent chance** - bring you luck

Tito marche avec sa maman et son papa.

« Mon coach adore mes chaussettes roses ! Il **m'a dit**[35] qu'il pense que les chaussettes me portent chance !

— Oui, tu cours rapidement avec tes chaussettes roses ! Tu as beaucoup d'énergie ! dit sa maman.

— Oui, c'est excellent, Tito ! Je peux très bien te voir sur le terrain de football avec tes chaussettes roses », dit son papa.

---

[35] **m'a dit** - told me

Le lendemain, Tito est dans sa chambre. Il a son **vieux ballon de football**[36] du Sénégal.

[36] **vieux ballon de football** - old soccer ball

Il aime jouer avec ce ballon de football. Ce ballon de football est son favori. Il est confiant quand il joue avec ce ballon de football.

« Tito ! Allons-y ! crie sa maman.

— J'arrive, maman ! » répond Tito.

Comme d'habitude[37], Tito marche pour aller au terrain de football avec sa maman et son papa. Son papa regarde Tito et dit :

« J'aime bien tes chaussettes roses, Tito ! C'est une **bonne journée**[38] pour un match !

---

[37] **comme d'habitude** - like usual
[38] **bonne journée** - good day

— Merci, papa. Je porte mes chaussettes roses, je joue très bien et j'ai beaucoup d'énergie !

— Oui, **on peut aussi bien te voir**[39] sur le terrain de football ! » répond son papa.

---

[39] **on peut aussi bien te voir** - people can also see you well

Au terrain de football, tous les garçons se préparent pour le match de football.

« Mon fils porte les chaussettes bleues ! »

« Mon fils porte les chaussettes jaunes ! »

« Mon fils porte les chaussettes à pois ! »

« Regarde, Tito ! Regarde toute ton équipe ! Ta confiance est contagieuse !

— Oui, Papa. C'est incroyable ! dit Tito.

— Tout le monde dans ton équipe de football porte aussi des chaussettes de leur couleur favorite ! » dit son papa.

Tito regarde tout le monde. Il regarde son équipe. Il regarde les chaussettes de couleurs différentes. Il est content. Maintenant toute son équipe porte des chaussettes uniques aussi !

Tito est très content après le match. Son équipe **a gagné**[40] !

« Tito, bon match aujourd'hui ! » dit son coach.

Tito regarde ses chaussettes roses. Il est très content.

« Merci, Coach ! répond Tito.

— Ta confiance est contagieuse. Ton énergie aide beaucoup ton équipe ! dit son coach.

— Les chaussettes me portent chance ! L'équipe a encore gagné aujourd'hui ! » dit Tito.

---

[40] **a gagné** - won

Après le match, Tito marche avec sa maman et son papa. Son papa dit :

« Tito, bon match ! J'adore tes chaussettes roses, c'est facile de te voir quand tu joues au football !

La maman de Tito regarde le papa de Tito et dit :

« Oui, ses chaussettes ne sont pas comme les autres de son équipe. Et sa confiance et contagieuse ! Tito est confiant et il sait ce qu'il aime et il sait qu'il est : Tito est Tito ! »

Tito regarde ses parents et dit :

« Allons au magasin de sport pour acheter un ballon de football rose ! »

Glossaire

A

a - has
achète - buys
acheté - bought
acheter - to buy
adore - loves
adores - love
Afrique - Africa
ai - have
aime - like, likes
aller - to go
allons - are going
allons-y - let's go
américain - American
appelle - calls
après - after
as - have
au - in, at the, to the
aujourd'hui - today
aussi - also
autre - another
(d')autres - others
aux - in the, to the
avec - with
avoir - to have

B

beaucoup - a lot

bien sûr - of course
blanc - white
blanches - white
bleues - blue
bon - good
bonne - good

C

c'est - it's
(à) cause (de) - because of
ce - this
ce qu'il - what he
ceci - this
ces - these
chambre - bedroom
chaussettes - socks
coach - coach
comme - like
confiance - confidence
confortables - comfortable
contagieuse - contagious
content - happy
cool - cool
couleurs - colors
créative - creative
crie - yells

D

dans - in

de - of, from
demain - tomorrow
demande - asks
des - some
difficile - difficult
différentes - different
diplomate - diplomat
dit - says
du - from
détestent - hate

E

elle - she
embarrassé - embarrassed
en courant - while running
énergie - energy
en retard - late
en voiture - by car
encore - again
entend - hears
entre - enters
équipe - team
es - are
est - is
et - and
exactement - exactly
excellent - excellent
explique - explains

F

façon - way
faim - hunger
famille - family
favori - favorite
favorite(s) - favorite
fils - son
foot(ball) - soccer
fromage - cheese

G

garçon(s) - boy(s)
gentil - kind
gentille - kind
grand - tall, big
grandes - big

H

habite - lives

I

il - he
important - important
intelligent(e) - smart

J

j' - I
j'adore - I love
j'ai - I have
j'ai acheté - I bought
j'ai faim - I am hungry

j'ai hâte - I can't wait
j'aime - I like
j'aime bien - I really like
j'arrive - I'm coming
j'y vais - I am going
je - I
joue - play; plays
joues - play
jouer - to play

L

l' - the; him
la - the
le - the, him
les - the
leur - their

M

magasin - store
magasin de sport - sports store
maintenant - now
mais - but
maman - mom
mange - eats
mangeons - eat
manger - to eat
marche - walks
marcher - to walk
marchons - walk
match(s) - game(s)
meilleure - best

merci - thanks
mes - my
minute - minute
mon - my
multicolores - multicolored

N

n'... pas - does not
ne... pas - does not
noir - black
noires - black
normalement - normally
nous - we
nouvelles - news

O

olives - olives
on - we
ou - or
oui - yes

P

paire(s) - pair(s)
papa - dad
parent(s) - parent(s)
pense - think(s)
père - father
peux - can
pizza - pizza
pizzeria - pizza shop
plat - dish
populaire - popular

porte - is wearing
porter - to wear
pour - for
pour - in order
pourquoi - why
pouvons - can
premier - first
problème - problem
prof de danse - dance teacher
préfère - prefers
prépare - prepares

Q

qu' - that, what, than
quand - when
que - that, what, than
quel - what
quelle - what
qui - who
qu'il - that he

R

réalité - reality
regarde - looks at, look
répond - responds
retourne - returns

S

sa - his
sais - know
sait - knows

sandwiches - sandwiches
s'appelle - is called
s'approche - approaches
saucisson - pepperoni
ses - his
shirt - shirt
short - shorts
si - if
son - his
sont - are
suis - am
sur - on
Sénégal - Senegal
Sénégalais - Senegalese
sérieux - serious

T

ta - your
tailles - sizes
te - you
tes - your
ton - your
tout le monde - everyone
toute(s) - all
très - very
travaille - works
trop - too
tu - you
type - type

U

un(e) - a. an
unique(s) - unique

V

va - goes
vais - go
vers - toward
veut - wants
veux - want
vieux - old
voir - to see
voit - sees
voiture - car
vont - are
votre - your
vraiment - really

Y

y - there

ABOUT THE AUTHOR

Theresa Marrama is a French teacher in Northern New York. She has been teaching French to middle and high school students since 2007. She is the author of many language learner novels and has also translated a variety of Spanish comprehensible readers into French. She enjoys teaching with Comprehensible Input and writing comprehensible stories for language learners.

Theresa Marrama's books include:
Une Obsession dangereuse, which can be purchased at www.fluencymatters.com

Her German books on Amazon include:
Leona und Anna
Geräusche im Wald
Der Brief
Nachts im Wald
Die Stutzen von Tito

Her French books on Amazon include:
Une disparition mystérieuse
L'île au trésor:
Première partie: La malédiction de l'île Oak
L'île au trésor:
Deuxième partie: La découverte d'un secret
La lettre
Léo et Anton
La maison du 13 rue Verdon
Mystère au Louvre
Perdue dans les catacombes

Her Spanish books on Amazon include:
La ofrenda de Sofía
Una desaparición misteriosa
Luis y Antonio
La carta
La casa en la calle Verdón
La isla del tesoro: Primera parte: La maldición de la isla Oak
La isla del tesoro: Segunda parte: El descubrimiento de un secreto
Los calcetines de Naby

Check out Theresa's website for more resources and materials to accompany her books:

www.compelllinglanguagecorner.com

Made in the USA
Monee, IL
26 June 2024